盲導犬はお店の位置や道順を知っているわけではありません。
では、どのように助けているのでしょうか。

この本では、
さまざまなQ&Aを通じて盲導犬だけでなく、
盲導犬ユーザーである視覚障害者についても説明しています。
多くの人の目は、盲導犬という「犬」に集まりがち。
でも、視覚障害者という「人」あってこその盲導犬です。

盲導犬のとなりにいる視覚障害者のことを
知ってほしい、思ってほしい。
そして、いろいろな人が障害を感じることのない社会、
目の見えない、見えにくい人たちが
生きやすい社会について考えてほしいと思っています。

盲導犬大百科 ③

教えて！
盲導犬Q&A

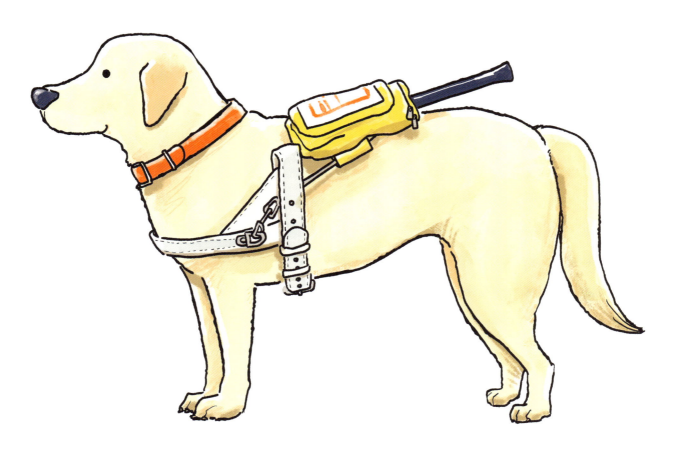

監修
公益財団法人日本盲導犬協会

ポプラ社

盲導犬の基本スタイル

首輪

盲導犬は、基本としては人の左側を歩く

犬種はラブラドール・レトリーバーが多い

盲導犬はペットではありません。目の見えない人・見えにくい人が、安全に歩くための手伝いをする、特別な訓練を受けた犬です。「ハーネス」という道具をつけ、法律で決められた表示を見えるところにつけています。盲導犬といっしょに歩く人を、盲導犬ユーザーといいます。

リード
首輪につながるひも、引きづな

ハーネスバッグ
盲導犬であることを示す表示をつけたバッグ。盲導犬使用者証や身体障害者補助犬健康管理手帳を入れている。盲導犬の足をふくタオルや排泄のための用具など、入れるものはユーザーによっていろいろ

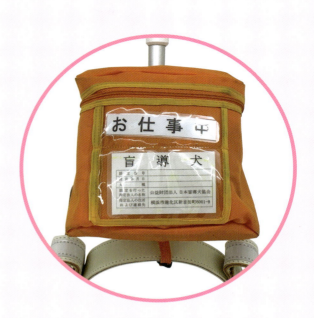

ハーネス
盲導犬とユーザーをつなぐ道具。
ユーザーは、ハーネスを通じて盲導犬の動きを知ることができる。
基本としては左手で持つ

バーハンドルのついたハーネス

片手でグリップを回すとハンドルをのばすことができるので、人の身長や犬の体高にあわすことができる

U字型ハンドルのついたハーネス

長く使われてきた形のハーネス

3

見えにくいってどんな感じ？

目の見えない人・見えにくい人を視覚障害者といいます。
日本には、身体障害者手帳を持っている視覚障害者が、約27万人います。[※1]
しかし、実際に見えない・見えにくい人の数は164万人ともされています。[※2]
75人にひとり、学校の2クラスにひとりぐらい、視覚障害者がいるのです。
視覚障害にはさまざまな見え方があり、ひとりずつちがっています。

視覚障害がなければ、このように見える交差点も……

見え方1

メガネやコンタクトレンズを使っても全体がぼやけて見える

見え方2

見ているところのまんなかが、暗くなったりゆがんだりする。見たいところがいちばん見えづらい

見え方3

穴からのぞいているような大きさでしか見えないので、まわりが見えず、移動するのが難しい

※1 厚生労働省調べ 2022年12月1日調査　　※2 2009年発表 日本眼科医会調査

視覚障害者がどこかへ行きたいとき、おもに3つの方法があります。

《 人と歩く 》

サポートしてくれる人といっしょにでかけます。資格のある人がいっしょに歩く「同行援護」などの福祉サービスもあります。

《 白杖を使う 》

段差や障害物を見つけたり、道の情報を集め、安全を確認しながら歩きます。視覚障害があることをまわりに知らせる役割もあります。

《 盲導犬と歩く 》

段差、曲がり角、障害物を盲導犬が教えてくれるので、安全に歩くことができます。

見え方4

全体が白く光り、まぶしくて見えない（見えにくい）

見え方5

見えるはんいがせまくなったり、画像の一部（青い車）が消えてしまうこともある

もくじ

盲導犬の基本スタイル　2　　見えにくいってどんな感じ？　4

盲導犬のひみつ

Q1　盲導犬はなにをしてくれるの？　8

Q2　ハーネスはなんのためにつけているの？　9

Q3　盲導犬は、行きたいところへ連れていってくれるの？　10

Q4　盲導犬になるのはどんな犬？　11

Q5　ラブラドール・レトリーバーはどんな犬？　12

Q6　盲導犬は、オスとメス、どちらがむいているの？　13

Q7　盲導犬にならない犬もいるの？　13

Q8　訓練をすれば、うちの犬も盲導犬になれる？　14

Q9　盲導犬に信号の色はわかるの？　14

Q10　英語で盲導犬に指示していたよ。どうして？　15

Q11　盲導犬は知らない人に会ってもほえないの？　16

Q12　盲導犬は待っているとき、どうしているの？　16

Q13　雨の日や雪の日もでかけるの？　17

Q14　このマークはなに？　17

Q15　遊園地やケーキ屋さんへも盲導犬を連れていけるの？　18

Q16　盲導犬といっしょに海外へ行くことはできる？　18

Q17　盲導犬と歩いてこまることはどんなこと？　19

まんが　うちのコ　20

盲導犬の成長とくらし

Q18　盲導犬はどこで生まれるの？　22

Q19　生まれたときから盲導犬になると決まっているの？　23

Q20　犬の名前はだれがつけるの？　23

Q21　子犬は1年でどれぐらい大きくなるの？　24

Q22　1歳になったあとは、どこで育てているの？　25

Q23 盲導犬は、家のなかではどうしているの? 26

Q24 なにを食べるの? 26

Q25 だれがどんな世話をしているの? 27

Q26 うんちとおしっこの世話のこと、教えて! 28

Q27 おやつはあげるの? 29

Q28 盲導犬はどこでねるの? 29

Q29 犬が病気になったらどうするの? 30

Q30 ユーザーが病気のときはどうするの? 30

Q31 いくつまで盲導犬でいるの? 31

Q32 盲導犬の寿命はどれぐらいですか? 31

(まんが) うちのコ 32

視覚障害と盲導犬

Q33 日本には視覚障害者はどれぐらいいるの? 34

Q34 日本にはどれぐらい盲導犬がいるの? 35

Q35 盲導犬はいつからいるの? 36

Q36 盲導犬といっしょにいる人がスマホを見ていたよ。見えているの? 38

Q37 盲導犬を連れた人が白い杖を持っていた。なにをしているの? 39

Q38 盲導犬はアパートやマンションでも飼えるの? 39

Q39 盲導犬がほしい。どうすればいい? 40

Q40 子どもでも、盲導犬を持てますか? 41

Q41 全盲でなくても、盲導犬を持てますか? 41

Q42 犬を飼う費用はだれがはらうの? 42

Q43 盲導犬のように、歩くのを助けてくれる
ロボットがあるって本当ですか 43

もう少し知りたい人のために 44   全巻共通さくいん 46

この本の使い方

● 青い文字で書かれている言葉のくわしい説明が44〜45ページにあります

● ▶1巻8〜14ページ は、1巻の8ページから14ページに関連する内容があることを示しています

盲導犬のひみつ

Q1 盲導犬はなにをしてくれるの?

盲導犬は、ハーネスをつけ、目の見えない人や見えにくい人たちが歩くのを手伝います。

盲導犬がしているのは、おもに3つ。
① **曲がり角で止まる**
② **段差で止まる**
③ **障害物をよける**

この3つを組みあわせ、盲導犬は道のようすを知らせます。

▶ 1巻8〜12ページ

角や段差など、道路のだいじなポイントをユーザーに動きで伝えるよ。そのほかに、道路のはしにそってまっすぐ歩くようにガイドしたり、ユーザーの言葉を聞いて右や左に進んだりするよ

※写真はすべて訓練です

① **曲がり角で止まる**

② **段差で止まる**

③ **障害物をよける**

Q2 ハーネスはなんのためにつけているの?

盲導犬が、止まったり、高くなったところに前あしを置くと、ハーネスのハンドル部分のかたむきが変わり、ユーザーに情報が伝わります。

ユーザーは、目の見えない人、見えにくい人です。ハーネスは、盲導犬が伝えていることを理解し、判断するために必要なものです。

リードは、犬がどちらをむいているのか、どんな動きをしているかわかりにくい。ハーネスは、ハンドル部分をにぎるため、犬の動きがよく伝わります

ハーネスは、1939年にドイツから盲導犬とともに日本に入ってきました。形に大きな変化はありませんが、素材や重さなどいろいろ改良されています。ハーネスの色や形は道路交通法で決められており、白または黄色

Q3 盲導犬は、行きたいところへ連れていってくれるの？

　ユーザーが行きたいところをいえば、盲導犬が連れていってくれると思っている人は多いようです。でも、盲導犬は、目的地までの道案内はしてくれません。
　道順はユーザーが覚えて歩いています。
　たとえば、3つめの曲がり角で左に行きたいとき。
　盲導犬が曲がり角で止まったら、1回めと2回めは「ストレート ゴー（まっすぐ進め）」と指示し、3回めに止まったときに「レフト ゴー（左へ進め）」と指示します。すると、盲導犬は3つめの曲がり角を左に曲がります。
　このように、ユーザーの意志と指示があってはじめて盲導犬と歩くことができるのです。

10　盲導犬のひみつ

Q4 盲導犬になるのはどんな犬?

　日本ではラブラドール・レトリーバーがいちばん多く用いられています。
　理由は3つ。
① おとながハーネスを持ったときにちょうどいい大きさ
② 人となにかするのが好きな性格
③ たれ耳、アーモンド型の目でかわいく、おだやかな表情をしているので、犬が苦手な人にも受けいれられやすい

　ほかにはゴールデン・レトリーバーや、ラブラドールとゴールデンのミックスブリードなども活動しています。

ラブラドール・レトリーバー

ゴールデン・レトリーバー

Q5 ラブラドール・レトリーバーはどんな犬？

　ラブラドール・レトリーバーは鳥の狩りに使われていた犬です。

　泳ぎが得意で、撃ちおとされた水鳥を池や湖から運んできたり、泳ぎが必要なところで活躍していました。

　ラブラドール・レトリーバーの指の間には、水かきがついています。

　おだやかでやさしい性格をしており、昔から人を助けてきたため、人といっしょになにかをするのが大好き。

　平均体重は、オスが29 〜 36kgでメスが25 〜 32kg。

　平均体高は、オスが57 〜 62cm、メスが54 〜 59cmとなっています。

　毛の色は、ブラック、イエロー、チョコレートがあります。

　カナダで生まれましたが、原産国はイギリスとなっています。

チョコレート
イエロー
ブラック

Q6 盲導犬は、オスとメス、どちらがむいているの?

どちらがむいている、ということはありません。性別ではなく、一頭一頭の性格によって盲導犬になるかどうかが決まるからです。

盲導犬は、人となにかをすることが好きで、攻撃的でない、どこにいてもあまり動じない性格の犬がむいています。

Q7 盲導犬にならない犬もいるの?

盲導犬になるのは、訓練した犬全体の30〜40%。盲導犬にむかないとされた犬は、訓練センターから希望する家庭にひきとられ、ペットとして生活することがほとんどです。

イベントで活躍するPR犬になることもあります。このような犬は、進路を変えることからキャリアチェンジ犬と呼ばれます。

▶1巻43ページ

PR犬として活動するラブラドール・レトリーバー

Q8 訓練をすれば、うちの犬も盲導犬になれる?

難しいと思います。盲導犬を育てるにはまず親犬を選び、生まれたときからしっかり見守って犬を育て、さらに、その個性を考えて盲導犬にします。訓練がすべてではありません。

犬の大きさもたいせつな要素です。

Q9 盲導犬に信号の色はわかるの?

わかりません。犬の目は、人間の目に比べて色を感じる細胞がとても少なく、「犬は色がわからない」とよくいわれます。

でも、もし色がわかったとしても、「青は進む」「赤は止まる」「黄色は注意」などを盲導犬が判断するのは難しいのです。

自分の耳や感覚をたよりに信号の色を判断しているのは盲導犬ユーザーです。音がでる信号であれば、流れてくる音によって判断します。音がないところでは、動いたり止まったりする車の音やまわりのようすから安全を確認します。

ですから、まわりにいる人から「赤ですよ」「青になりました」と声をかけてもらえると、とても安心できるのです。

Q10 英語で盲導犬に指示していたよ。どうして？

　人や地方によっていい方が変わらないようにするためです。日本語には、「すわれ」と「おすわり」、「いいこ」と「よしよし」など、性別や地方によって使う言葉にちがいがあります。でも、使う言葉にちがいがあると、犬がまよってしまいます。

　そこで、盲導犬訓練士が使う言葉と盲導犬ユーザーの使う言葉が同じであるように、指示する言葉は英語を用います。

　ほめるときは「グッド」。ちがうときは「ノー」。犬にはわかりやすいのです。

　おもに日本語で訓練をしている盲導犬育成団体もあります。

Q11 盲導犬は知らない人に会ってもほえないの？

はい。

盲導犬には、知らない人や犬に会ったとき、ほえたりせず、落ちついているよう、子犬のころから教えています。攻撃性のある犬や、むやみやたらにほえる犬は盲導犬にはなりません。

でも、家に知っている人が訪ねてきたときなど、警戒心からではなくうれしくて思わず「ワン」。しっぽをふまれてびっくりしたときに「ワン」など、思わず声をだしてしまうことはあります。

Q12 盲導犬は待っているとき、どうしているの？

「歩く」ことと同じように「待つ」ことは、盲導犬のたいせつな役割。ユーザーが目的地に着いたあとは、ユーザーの用事が終わるまで待っています。

「ステイ」と指示されると、のんびりねて待っている盲導犬が多いようです。

Q13 雨の日や雪の日もでかけるの？

はい。雨の日は、レインコートを着せたり、タオルを多めに持ち歩くなどしてでかけています。

雪がつもると段差がわからなくなったり、音が聞こえにくくなったり、盲導犬にとってもユーザーにとっても危険なことが多いので、外出をできるだけさけるようにする人もいます。

せなかのファスナー部分や首のまわりは雨が入りにくいつくりで、夜もめだつようにリフレクターがついていたりします

Q14 このマークはなに？

これは、身体障害者補助犬法を広く知ってもらうためのマークです。身体障害者補助犬とは、盲導犬、介助犬、聴導犬のこと。

身体障害者補助犬法では、公共の施設や交通機関、デパートやスーパー、ホテル、レストランなどは、補助犬といっしょに身体障害のある人を受けいれる義務があると決められています。このマークがあるところだけ、盲導犬などの補助犬が入れるわけではありません。

Q15 遊園地やケーキ屋さんへも盲導犬を連れていけるの？

はい。盲導犬はペットではありません。ユーザーが安全に歩く手伝いをしているので、ユーザーといっしょに、レストランや美術館、博物館、病院でも、電車やバスで行くことができます。国の法律（身体障害者補助犬法）でも、盲導犬、介助犬、聴導犬といっしょに飛行機やタクシーに乗ったり、飲食店や病院などに行くことが認められています。

Q16 盲導犬といっしょに海外へ行くことはできる？

できます。国内線でも国際線でも、飛行機に乗ることができます。

しかし、海外旅行の場合は「動物検疫」という制度があるため、手続きが必要です。

国によって対応がちがうため、訪問する国に問いあわせることが必要です。

※ 動物検疫：動物の病気が国内に入ってくるのを防止するため世界各国で行われている検疫制度

Q17 盲導犬と歩いてこまることはどんなこと？

　いちばんこまるのは、いろいろなお店やバス、タクシーなどに入店や乗車を拒否されることです。

　盲導犬と歩いている人の多くは、店に入ることや乗りものに乗ることを拒否された経験を持っています。

　もし、拒否されてこまっている人を見かけたら、盲導犬などの補助犬は、お店に入ることができると伝えてください。

盲導犬といっしょのとき、ことわるのは✕です

- お店に入るのをことわる
- タクシーに乗るのをことわる
- 映画館や美術館に入るのをことわる
- 病院に入るのをことわる
- ホテルなどの宿泊施設に入るのをことわる

盲導犬の成長とくらし

Q18 盲導犬はどこで生まれるの？

ほとんどは出産用の施設で生まれます。盲導犬の母犬は、ふだんは繁殖犬飼育ボランティアの家でくらしていますが、出産するときは施設に行きます。

犬は、いちどに5〜6頭ぐらい、多いときには10頭近く出産します。

▶1巻24ページ

生まれてしばらくは、子犬の目は見えず、耳も聞こえず、足もじょうずに使えませんが、母犬のおっぱいをさがしあてて飲みます

Q19 生まれたときから盲導犬になると決まっているの？

繁殖犬から生まれた犬は、全頭、盲導犬の候補です。

その後、盲導犬になるために必要なことを教えていくなかで一頭一頭の性質を見きわめていくので、実際に盲導犬になる犬は全体の30～40％ほどです。

Q20 犬の名前はだれがつけるの？

生まれて2か月になると、子犬たちは1頭ずつパピーウォーカーと呼ばれるボランティアの家庭にあずけられます。そこで、それぞれ名づけられます。

ほかの子犬や盲導犬と同じ名前にならないように注意して名づけられています。

Q21 子犬は1年でどれぐらい大きくなるの？

　盲導犬になるラブラドール・レトリーバーは、大型犬。生まれたときは400〜500gほどですが、どんどん大きくなり、パピーウォーカーのところへ行く生後2か月のころには5kgほどに。1歳になると体重は30kgほどになります。そして、生後約1年半でおとなの犬になります。

生まれて34日。体重は3kgほどの子犬たち

Q22 1歳になったあとは、どこで育てているの?

1歳をすぎた犬は、全頭、訓練センターに行き、盲導犬になるための訓練を受けます。訓練は、性格や学びのようすを見て行われ、盲導犬訓練士が盲導犬にむいているかどうかを判断します。

盲導犬はどこでも育てられるわけではありません。国の指定を受けたところでしか育てることができない犬です。盲導犬を育てる育成団体は日本には11あり、1歳ぐらいから訓練をして2歳ぐらいで盲導犬としてデビューさせます。

▶1巻30ページ

人とコミュニケーションをとれるようにするための訓練。「グッド」とほめ、犬が「ほめられてうれしい! 楽しい!」と思うことがたいせつ

静岡県富士宮市にある訓練施設「日本盲導犬総合センター」は、"盲導犬の里 富士ハーネス"の愛称で親しまれています。
盲導犬の誕生から引退後の生活までケアできる設備があり、盲導犬を紹介するデモンストレーションを行っていたり、展示物もたくさんあり、いつでもだれでも気軽に見学ができます

Q23 盲導犬は、家のなかではどうしているの？

家のなかで盲導犬が手伝うことはありません。ハーネスをはずし、のんびりしたり、ユーザーと遊んだりしています。

ユーザーと盲導犬の1日

6:00	起床　犬に排泄させ、えさをやる そのあと、自分のしたくをし、朝食
7:00	そうじやせんたく
10:00	犬に排泄させ、買いものに行く
12:30	帰宅後、犬に排泄させる 昼食 ブラッシング
15:00	犬に排泄させ、習いごとへ
18:00	帰宅　犬に排泄させ、えさをやる 夕食
23:30	犬に排泄させる 就寝

排泄……おしっこやうんちをさせること

Q24 なにを食べるの？

1日に2回、決められた種類、決められた量のドッグフードを食べています。もちろん、水も飲みます。
盲導犬の食事は、からだの調子を保つためにたいせつなこと。犬の年齢や体調にあわせ、獣医さんなどにアドバイスしてもらうこともあります。

Q25 だれがどんな世話をしているの?

世話をするのは、盲導犬ユーザーです。

毎日しなければいけないのは、朝と夕方1日2回のえさやりと、食後やでかける前におしっこやうんちをさせること。そしてそのあとしまつです。

また、犬の皮膚と毛を清潔に保ち、外出先でぬけ毛などによるトラブルを防ぐためにも、毎日のブラッシングは欠かせません。そのほか、シャンプーしたり、つめを切ったり、歯をみがいたり、いろいろな世話があります。

歯みがき

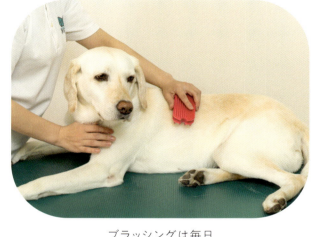

ブラッシングは毎日

つめ切り。獣医さんなどに切ってもらうこともあります

シャンプーは、犬専用のものを使います

Q26 うんちとおしっこの世話のこと、教えて!

　ユーザーは、犬ががまんしなくてよいように時間を決めて排泄させています。

　1日に5～6回、ハーネスをはずし、「ワン・ツー、ワン・ツー」という声をかけて、排泄をうながします。「ワン」がおしっこ、「ツー」がうんち。

　盲導犬のおしり部分にベルトでビニール袋をつけ、そこにうんちやおしっこをさせることもあります。そうすれば、地面に直接うんちやおしっこを落とすことなくあとしまつをすることができます。

ごはんのあとや外出前は、こしにベルトをつけ、おしっこやうんちをさせます。あとしまつをするのもユーザー

外出先のトイレで。ハーネスをはずし、ベルトと袋をつけておしっこやうんちをさせます

Q27 おやつはあげるの？

あげません。
　おやつをあげないのはかわいそう、と思う人がいるかもしれません。けれど、決められたドッグフードで栄養はじゅうぶんにとれ、健康を保つことができるのです。
　おやつをあげることで犬の体重がふえすぎたり、うんちやおしっこのリズムがくるい、病気になってしまうこともあります。

Q28 盲導犬はどこでねるの？

　盲導犬は家のなかで「ハウス」を決め、そこにいるように教えられているので、ユーザーといっしょにベッドやふとんでねることはありません。
　犬の睡眠時間は9時間から14時間といわれています。

Q29 犬が病気になったらどうするの？

　ユーザーは毎日盲導犬の世話をしながら、手でさわったり、においをかいだりして犬の全身をチェックしています。はれているところがあったり、痛そうにしていることがあったりしたら、かかりつけの動物病院の先生にみてもらいます。けがや病気の状態によっては盲導犬協会であずかることもあります。

Q30 ユーザーが病気のときはどうするの？

　盲導犬といっしょに外出できないほどの病気のときは、盲導犬協会で犬をあずかることもあります。

　ユーザーが健康になったら、盲導犬をユーザーのところへもどします。

Q31 いくつまで盲導犬でいるの？

盲導犬は訓練をおえた2歳ごろから活動して、10歳ごろ、元気なうちに盲導犬を引退します。盲導犬ユーザーは、新しい犬と歩く訓練をはじめます。

犬の10歳は、人間でいえば60歳くらい。

引退した盲導犬は、引退犬飼育ボランティアの家で家族の一員として新しい生活を楽しんだり、設備の整った施設でのんびりすごし、さいごまでだいじにされます。

引退犬のための施設ですごす犬

Q32 盲導犬の寿命はどれぐらいですか？

盲導犬の平均寿命は約13歳。ペットのラブラドール・レトリーバーとかわりません。盲導犬は、子犬のころからしっかりと健康管理され、たいせつに世話されています。盲導犬だから寿命が短いということはなく、なかには18歳まで長生きする犬もいます。

いろいろな動物の寿命（飼育しているとき）

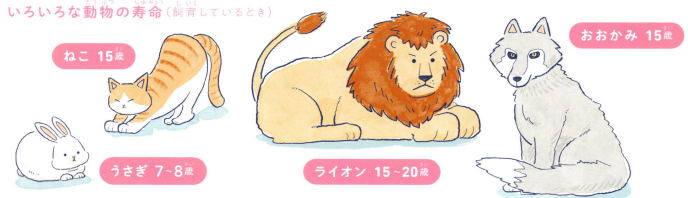

うさぎ 7～8歳　　ねこ 15歳　　ライオン 15～20歳　　おおかみ 15歳

まんが うちのコ

視覚障害と盲導犬

Q33 日本には視覚障害者はどれぐらいいるの？

　日本で身体障害者手帳を持つ視覚障害者はおよそ27万人（厚生労働省調べ2022年12月1日調査）。しかし実際に視覚障害のある人は、164万人といわれています（2009年発表、日本眼科医会調査）。

　視覚障害のようすは、全盲、ロービジョンという言葉であらわされることがあります。

　全盲とは見る力を使うことができない状態。ロービジョンは、メガネやコンタクトレンズのようなレンズだけでは「見える」状態にならないこと。左右どちらかだけが見えない、まんなかが見えないなどロービジョンの状態はさまざまで、本人やまわりが気づかないこともあり、実際にはもっといるのではないかといわれています。

視覚障害者に街で出会ったら

「こまっているのかな」と思ったら
その人の正面に行き、
「盲導犬を連れた方、なにかお手伝いしましょうか」
と話しかけてください

わからないことをたのまれたときは、
まわりのおとなに話して助けられる人につなぎましょう。
たとえば、駅で行き方を聞かれたら、
駅員さんを呼ぶ方法もあります

Q34 日本にはどれぐらい盲導犬がいるの？

2024年3月31日現在、日本では796頭の盲導犬が活動しています。
アメリカには6970頭、イギリスには3476頭、フランスには1322頭ほどいます。

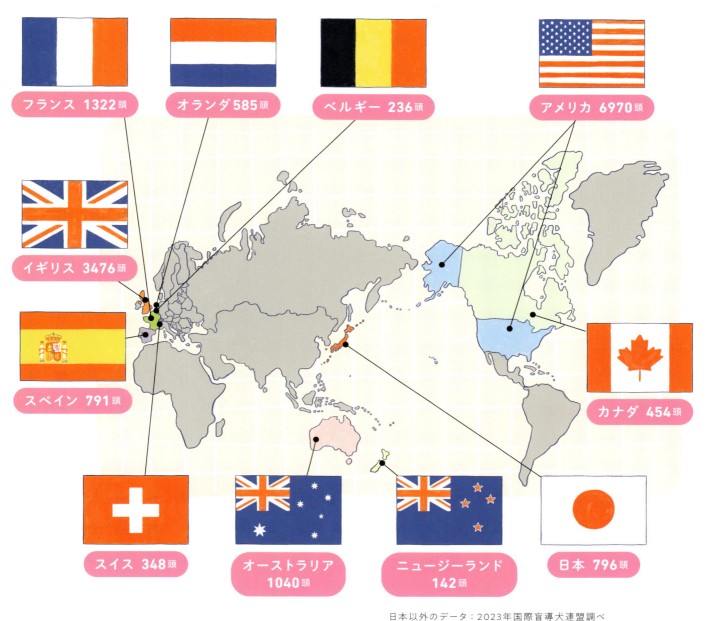

日本以外のデータ：2023年国際盲導犬連盟調べ
日本のデータ：社会福祉法人 日本盲人社会福祉施設協議会まとめ

Q35 盲導犬はいつからいるの？

盲導犬として犬が育てられるようになったのは、100年ほど前からです。

世界では

第一次世界大戦（1914年〜）で、たくさんの死者・重傷者をだしたドイツ。

軍用犬を育てていたハインリッヒ・スターリン博士は、犬が失明した軍人や視覚障害者のガイド役になれるのではないかと考え、盲導犬として犬を訓練する方法をあみだしました。

1916年8月、ドイツのオルデンブルクで世界初となる盲導犬訓練学校設立。その年の10月にはこの学校からはじめての盲導犬ユーザーが誕生しました。

1919年には539頭の盲導犬がドイツの失明した軍人とともに歩いており、オルデンブルクの盲導犬訓練学校はドイツ国内の9か所に施設をふやし、毎年およそ600頭の盲導犬を世に送りだしたというおどろくような事実も記されています。

その後1929年にアメリカでシーイング・アイ（The Seeing Eye 今あるなかで世界最古の盲導犬育成団体）が誕生、1931年にイギリスでも盲導犬育成団体が生まれました。

1989年には、国際的な組織、国際盲導犬学校連盟が設立されました。国際盲導犬学校連盟は、約30か国の盲導犬育成団体が加盟する現在の国際盲導犬連盟へと発展していきます。

1916年10月にドイツで誕生した世界ではじめての盲導犬ユーザー、ポール・フェイエン

オルデンブルクの盲導犬訓練学校のあと地（1957年撮影）

オルデンブルクの盲導犬訓練学校。多くの人のなかに数頭の犬がいます

日本では

　日本最初の盲導犬は1939（昭和14）年にドイツから来た4頭のシェパードです。はげしくなる戦争のなか、失明した兵士が社会復帰するために用いられました。

　その後、盲導犬育成事業は一時とだえますが、塩屋賢一氏が盲導犬育成の研究を開始し、国産第一号とされる盲導犬チャンピィが誕生したのは、1957（昭和32）年のことです。

　1967（昭和42）年には、日本ではじめて厚生省（現在の厚生労働省）の認可を得た盲導犬協会として、財団法人日本盲導犬協会（現在の公益財団法人日本盲導犬協会）が設立されました。

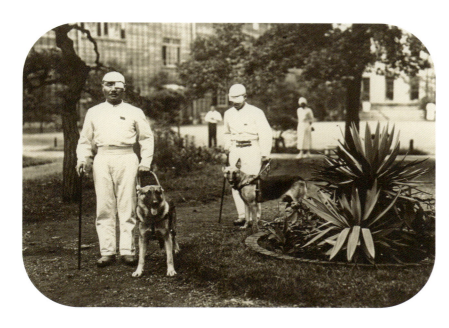

1939年ドイツからやってきた4頭のうちの2頭、ボドとリタ。日本最初の盲導犬育成のようすです

1967年、日本盲導犬協会設立当時の犬舎。このころ、盲導犬はシェパードでした

Q36 盲導犬といっしょにいる人がスマホを見ていたよ。見えているの?

　その人は、スマホを見ていたのかもしれませんし、音を聞いていたのかもしれません。盲導犬と歩いているのは、全盲の人ばかりではありません。ロービジョンといわれる人も、盲導犬と歩いています。ロービジョンの見え方は人それぞれ。小さな穴からのぞくように見て、スマホの文字を読んでいる場合もあります。

　拡大して情報を見るだけでなく、音で操作方法を知らせたり、文字を読みあげる機能もあるので、見えない人にとってスマホはとても便利な道具。ナビゲーションや信号の色を判断するなど、さまざまなアプリケーションもあります。

このように文字を読んでいるのかもしれません

見えない、見えにくい人にとって便利な道具

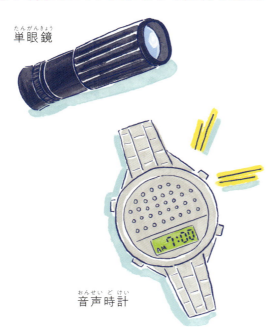

単眼鏡

音声時計

遮光メガネ

拡大読書器

Q37 盲導犬を連れた人が白い杖を持っていた。なにをしているの？

白い杖は、白杖といいます。
折りたためるものもあります。
白杖の役割は
① 視覚障害があることを
まわりに知らせる
② 白杖を使って道など歩いて
いるところの情報を集める
③ 障害物を見つける（知る）　ことです。
盲導犬と歩いていても、危険な場所などでは、白杖で足もとのようすを確認することがあります。

Q38 盲導犬はアパートやマンションでも飼えるの？

はい、飼うことができます。
盲導犬はペットではなく、ユーザーが安全に歩くのを助ける補助犬だからです。
障害者差別解消法では、きちんと訓練され飼育されている補助犬がいるためにアパートやマンションに住めないことのないよう、家を自由に選ぶことができるよう「配慮」を求めています。

Q39 盲導犬がほしい。どうすればいい？

- 自分で責任を持って犬の飼育、世話ができる人
- 見えない、見えにくいことで歩くのが難しいと感じている人
- 盲導犬と歩きたいという強い希望を持っている人
- ほんとうに盲導犬をほしいと思った人

このような人は、盲導犬育成団体へ問いあわせるか、住んでいる自治体の障害福祉担当の窓口などで相談できます。

日本国内には国家公安委員会の指定を受けた11の盲導犬育成団体があります。

日本全国の盲導犬育成団体

（公財）北海道盲導犬協会	〒005-0030 北海道札幌市南区南30条西8丁目1-1	☎ 011-582-8222 / FAX011-582-7715
（公財）東日本盲導犬協会	〒321-0342 栃木県宇都宮市福岡町1285番地	☎ 028-652-3883 / FAX028-652-1417
（公財）アイメイト協会	〒177-0051 東京都練馬区関町北5丁目8番7号	☎ 03-3920-6162
（公財）日本盲導犬協会	〒223-0056 神奈川県横浜市港北区新吉田町6001-9	☎ 045-590-1595 / FAX045-590-1599
（社福）中部盲導犬協会	〒455-0066 愛知県名古屋市港区寛政町3-41-1	☎ 052-661-3111 / FAX052-661-3112
（公財）関西盲導犬協会	〒621-0027 京都府亀岡市曽我部町犬飼未ケ谷18-2	☎ 0771-24-0323 / FAX0771-25-1054
（社福）日本ライトハウス	〒538-0042 大阪府大阪市鶴見区今津中2-4-37	☎ 06-6961-5521 / FAX06-6968-2059
（社福）兵庫盲導犬協会	〒651-2212 兵庫県神戸市西区押部谷町押部24	☎ 078-995-3481 / FAX078-995-3483
（公財）九州盲導犬協会	〒819-1122 福岡県糸島市東702番地1	☎ 092-324-3169 / FAX092-324-3386
（公財）日本補助犬協会	〒241-0811 神奈川県横浜市旭区矢指町1954-1	☎ 045-951-9221 / FAX045-951-9222
（一財）いばらき盲導犬協会	〒312-0052 茨城県ひたちなか市大字東石川3610-10	☎とFAX 029-275-3122

公財＝公益財団法人　社福＝社会福祉法人　一財＝一般財団法人

Q40 子どもでも、盲導犬を持てますか？

難しいと思います。
理由は、盲導犬ユーザーになるためには、犬の飼育と世話を自分自身でできなければならないからです。
盲導犬はたくさんの人の手で育てられ、育成団体から貸しだされている犬です。責任を持って命をあずかることができるようになるまで待ちましょう。

Q41 全盲でなくても、盲導犬を持てますか？

持つことができます。視覚障害者のうち、全盲の方は10％ほど。90％の人がメガネやコンタクトレンズを使っても見えにくく、生活や移動が難しい人です。
このような人が盲導犬を持つことを希望するときは、盲導犬育成団体か、住んでいる自治体の障害福祉担当の窓口などで相談できます。

Q42 犬を飼う費用はだれがはらうの？

多くの盲導犬育成団体では、盲導犬は無料で貸しだされますが、飼育するための費用はユーザーがはらいます。犬を飼うための道具（シャンプーやつめ切り、ブラシ、ケージ）、毎日のえさ代や動物病院でかかる費用などもユーザーがはらいます。

犬を飼うために必要なのは……

ケージ／首輪／リード／ドッグフード用のボウル／専用のクッション／ペット用シーツ／犬用つめ切り／水のボウル／犬用歯ブラシ／犬用シャンプー／ブラシ／犬用のおもちゃ／ドッグフード

42　視覚障害と盲導犬

Q43 盲導犬のように、歩くのを助けてくれるロボットがあるって本当ですか

最新のAI技術を集め、視覚障害者の目となって歩行を助けてくれるロボット「AIスーツケース」の研究開発が進められています。スマホを使ってスーツケース型のロボットを動かすイメージで、まわりの状況や障害物の情報を音声と振動で伝え、ドアやエレベーター、目的地のお店に誘導してくれます。

現在、屋内や屋外で実験が行われ、さまざまな改良が続けられています。

専用アプリの入ったスマホを使い、画面タッチや声で目的地を設定します。そして、ハンドルのスタートボタンをおしてグリップをにぎると、AIスーツケースが動きだします

もう少し知りたい人のために

● 表示　▶3ページ

認定番号・認定年月日・犬種・認定をした団体名・連絡先などが明記してある表示。外から見てわかるところにつけなければなりません。

表

裏

● 盲導犬使用者証　▶3ページ

全国に11ある盲導犬育成団体が認定し、発行する証明書。ユーザー（使用者）と犬が盲導犬ユニットとして認定を受けたという証明書です。
ユーザーが施設などを利用するときには、盲導犬使用者証と身体障害者補助犬健康管理手帳を持ち歩き、もとめられたときは、提示しなくてはなりません。
裏には盲導犬にかかわる法律についての説明があります。

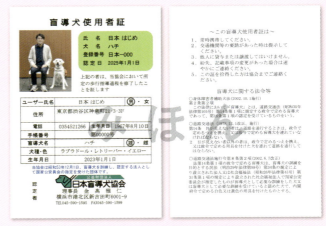

盲導犬使用者証　表　　盲導犬使用者証　裏

● 身体障害者補助犬健康管理手帳　▶3ページ

盲導犬使用者証とともに、盲導犬と行動するときにユーザーが持ち歩かなければならない書類。盲導犬の衛生や健康管理に関する記録です。犬を清潔に保ち、ほかの人に不快感をあたえないこと、必要な予防接種がされていることなどを記録し、証明書として用います。

身体障害者補助犬健康管理手帳

● 身体障害者手帳　▶4ページ

身体障害者福祉法に定める身体上の障害がある人に対して交付されます。身体障害者手帳を持つと、いろいろな福祉サービスを受けることができます。

● 同行援護　▶5ページ

視覚障害者の外出に同行し、移動に必要な情報を伝えたり、移動を助けたりすることです。外出先での情報提供や代読・代筆などもします。
視覚障害の身体障害者手帳を持っていれば、住んでいるところの役所で相談し、利用することができます。

● 白杖　▶5ページ

視覚障害者安全つえと呼ばれます。ふつうはその色から白杖と呼ばれています。白杖の役割は
① 視覚障害があることをまわりに知らせる
② 道など歩いているところの情報を集める
③ 障害物を見つける（知る）
ことです。
道路交通法では、「視覚障害者がひとりで道路を歩くときは、白杖を持ち歩くか、白または黄色いハーネスをつけた盲導犬をともなわなければならない」としています。視覚障害の身体障害者手帳を持っていれば、白杖を購入するとき、補助を受けることができます。

● PR犬　▶13ページ

盲導犬の訓練は受けたけれど、盲導犬にならなかった犬のうち、PR犬になる犬がいます。
小・中学校や企業などへ訪問し、盲導犬について理解を深めるためのイベントや募金活動など

で活躍しています。ふだんはPR犬ボランティアの家庭ですごします。

● 身体障害者補助犬法　▶17ページ

2002（平成14）年10月施行。身体障害者補助犬とは、盲導犬、介助犬、聴導犬です。この法律により、補助犬を連れた身体障害者は、補助犬の行動と衛生の管理、認定を受けた補助犬であることの表示を義務づけられました。また、公共の場や交通機関には受けいれることが義務づけられています。

● 全盲　▶34ページ

見る機能を活用することができない状態のこと。全盲であっても光を感じる場合はあります。

● 障害者差別解消法　▶39ページ

障害を理由とする差別をなくし、すべての国民が、障害があるかないかによってわけへだてされることなく、たがいに人格と個性を尊重しあいながら共に生きる社会の実現を目的とした法律。障害者が不利益にならないよう、施設などに合理的配慮を求めています。2024年に改正され、障害者への合理的配慮の提供が法的義務となりました。

全巻共通 さくいん

① ② ③ は巻数をあらわします

あ

- アイメイト協会 ……………… ①45 ③40
- いばらき盲導犬協会 ……… ①45 ③40
- 引退 ……………………………… ①43 ③31
- 引退犬飼育ボランティア …… ①43 ③31
- ＡＩスーツケース ……………………… ③43
- オルデンブルク ………………………… ③36
- 音声時計 ……………………………… ③38

か

- 介助犬 …………………………………… ③17
- 拡大読書器 …………………………… ③38
- 関西盲導犬協会 ……………… ①45 ③40
- 基本訓練 ………………………………… ①30
- キャリアチェンジ犬 ………………… ③13
- 九州盲導犬協会 ……………… ①45 ③40
- 共同訓練 ………………………………… ①34
- 首輪 ……………………………… ①2 ③2
- 訓練センター ……… ①30,42,45 ③25
- ゴールデン・レトリーバー …………… ③11

さ

- シーイング・アイ ……………………… ③36
- 塩屋賢一 ………………………………… ③37
- 視覚障害 …………………… ①4,5 ③4,5
- 視覚障害者 ……… ①4,5,15 ③4,5,34
- 視野 ……………………… ②4,25,27,35,45

遮光メガネ

- 遮光メガネ ……………… ②25,27 ③38
- シャンプー ……………………………… ③27
- 障害者差別解消法 ……………… ③39,45
- 触手話 ……………………………… ②32,33
- 身体障害者手帳 ……… ①4,45 ③4,34,45
- 身体障害者補助犬健康管理手帳 …… ①3,44 ③3,44
- 身体障害者補助犬法 ……………… ③17,18,45
- 全盲 ……………… ②12,15 ③34,41,45

た

- 単眼鏡 ……………………… ②13 ③38
- タンデム ………………………… ②39,41
- チャンピィ ……………………………… ③37
- 中部盲導犬協会 ……………… ①45 ③40
- 聴導犬 …………………………………… ③17
- つめ切り ………………………………… ③27
- 手書き文字 …………………………… ②33
- 点字 ……………… ②18,19,20,28,32,45
- 点字ブロック ……………… ②8,21,45
- 同行援護 ………………… ①5,45 ③5,45
- 動物検疫 ………………………………… ③18

な

- 日本補助犬協会 ……………… ①45 ③40
- 日本盲導犬協会 ……………… ①45 ③37,40
- 日本ライトハウス ……………… ①45 ③40

は

- ハーネス ……………… ① 2,3,8,9,33,37 ③ 2,3,8,9,11,26,28
- ハーネスバッグ ……………… ① 3,31 ③ 3
- バーハンドル ……………… ① 3 ③ 3
- ハインリッヒ・スターリン ……………… ③ 36
- 白杖 ……………… ① 5,45 ③ 5,39,45
- パピーウォーカー ……………… ① 27,28,29,30,42 ③ 23,24
- パピーレクチャー ……………… ① 29
- 歯みがき ……………… ③ 27
- 繁殖犬 ……………… ① 24,26,43 ③ 23
- 繁殖犬飼育ボランティア ……………… ① 24,26,43 ③ 22
- ＰＲ犬 ……………… ① 43 ③ 13,45
- 東日本盲導犬協会 ……………… ① 45 ③ 40
- 兵庫盲導犬協会 ……………… ① 45 ③ 40
- ブラインドテニス ……………… ② 11,12,45
- ブラッシング ……………… ③ 27
- 補助犬 ……………… ③ 39
- 北海道盲導犬協会 ……………… ① 45 ③ 40
- ボド ……………… ③ 37

ま

- 未熟児網膜症 ……………… ② 19,45
- 盲導犬育成団体 ……………… ① 45 ③ 40
- 盲導犬訓練士 ……………… ① 32,40 ③ 25
- 盲導犬使用者証 ……………… ① 3,44 ③ 3,44
- 盲導犬歩行指導員 ……………… ① 40
- 網膜色素変性症 ……………… ② 4,5,6,25,27,39,41,45
- 網膜剥離 ……………… ② 19,45
- 盲ろう者 ……………… ② 32

や

- 夜盲 ……………… ② 4,5,25,27,39,45
- Ｕ字型ハンドル ……………… ① 3 ③ 3
- 誘導訓練 ……………… ① 31
- 指点字 ……………… ② 32

ら

- ラブラドール・レトリーバー ……………… ① 2 ③ 2,11,12,13,24
- リード ……………… ① 3 ③ 3
- リタ ……………… ③ 37
- ロービジョン ……………… ② 13 ③ 38

わ

- ワン・ツー ……………… ① 16 ③ 28

監修 公益財団法人日本盲導犬協会

1967年（昭和42年）8月10日設立の公益財団法人。「目の見えない人、目の見えにくい人が、行きたいときに、行きたい場所へ行くことができるように、安全で快適な盲導犬との歩行を提供する」ための活動を行っている。

子どものための動画サイト「にちもうジュニア」はこちら

指導 清水朋美（国立障害者リハビリテーションセンター病院 第二診療部長 眼科医）

イラスト	よしださやか
まんが	伊藤ハムスター
装丁	坂川朱音（朱猫堂）
本文デザイン	坂川朱音＋小木曽杏子（朱猫堂）
写真協力	公益財団法人日本盲導犬協会（P2,3, 8, 9, 13, 22～25, 27, 28, 31） ゲッティイメージズ（P11,12） 一般社団法人 盲導犬総合支援センター（P17） 板嶌憲次郎（P28） 一般社団法人 次世代移動支援技術開発コンソーシアム（P43）
写真加工	だん広房（矢中）

盲導犬大百科 ❸
教えて！ 盲導犬Q&A

発行　2025年4月　第1刷

監修	公益財団法人日本盲導犬協会
発行者	加藤裕樹
編集	小原解子
発行所	株式会社ポプラ社 〒141-8210 東京都品川区西五反田3-5-8 JR目黒MARCビル12階 ホームページ　www.poplar.co.jp（ポプラ社） kodomottolab.poplar.co.jp（こどもっとラボ）
印刷・製本	中央精版印刷株式会社

© POPLAR Publishing Co.,LTD. 2025 Printed in Japan
ISBN978-4-591-18484-4　N.D.C.369　47P 27cm
落丁・乱丁本はお取替えいたします。
ホームページ（www.poplar.co.jp）のお問い合わせ一覧よりご連絡ください。
本書のコピー、スキャン、デジタル化等の無断複製は著作権法上での例外をのぞき禁じられています。
本書を代行業者等の第三者に依頼してスキャンやデジタル化することは、たとえ個人や家庭内での利用であっても著作権法上認められておりません。
QRコードからアクセスできる動画は、館内や館外貸し出しともに視聴可能です。

P7263003

盲導犬大百科

全3巻

監修 公益財団法人日本盲導犬協会

---

❶ 盲導犬ってどんな犬?

盲導犬について知るためのガイド。盲導犬がなにをしてくれるのか、
どのようにして盲導犬が生まれるのかについて解説します。

第1章 盲導犬がしてくれること

曲がり角で止まる／段差で止まる／障害物を
よける／道のはしをまっすぐ歩くのを助ける／
指示された目標物をさがす

まんが 盲導犬とおでかけします!

第2章 盲導犬への道

生まれる／パピーウォーカーへ／
訓練センターへ／共同訓練／盲導犬として認定!

まんが いっしょに歩こう!

---

❷ 見えないわたしと盲導犬

盲導犬ユーザーの体験談。視覚障害がある方々が
どんな体験をし、毎日をどのように感じているのかを取材しました。

障害を持って出会いがふえました／見えにくさ、想像してみて／障害がある人のために働きたい／
いつも家族のまんなかに／見えなくても聞こえなくても話がしたい／ふたりと1頭、息はぴったりです

まんが うちのコ

---

❸ 教えて! 盲導犬Q&A

盲導犬についての疑問を43のQ&Aにまとめました。

盲導犬は行きたいところへ連れていってくれるの?／盲導犬になるのはどんな犬?／盲導犬に信号の
色はわかるの?／盲導犬はどこで生まれるの?／だれがどんな世話をしているの?／おやつはあげるの?

まんが うちのコ

小学校中学年から
A4変型判　各巻47ページ　オールカラー
N.D.C.369
図書館用特別堅牢製本図書

ポプラ社はチャイルドラインを応援しています

18さいまでの子どもがかけるでんわ
チャイルドライン®
0120-99-7777
毎日午後4時〜午後9時 ※12/29〜1/3はお休み

電話代はかかりません
携帯(スマホ)OK

チャット相談は
こちらから